Impressum
Verlag: BABADADA GmbH, Nedderfeld 112 , 22529 Hamburg
Geschäftsführer / Verlagsleitung: Harald Hof
Druck: Books on Demand GmbH, In de Tarpen 42, 22848 Norderstedt

Imprint
Publisher: BABADADA GmbH, Nedderfeld 112 , 22529 Hamburg, Germany
Managing Director / Publishing direction: Harald Hof
Print: Books on Demand GmbH, In de Tarpen 42, 22848 Norderstedt, Germany

школа

de school

классная комната
het klaslokaal

делить
delen

186/2

доска
het bord

школьный двор
het schoolplein

учитель
de leraar

бумага
het papier

писать
schrijven

ручка
de pen

письменный стол
het bureau

линейка
de lineaal

книга
het boek

ученик
de leerling

ранец

de schooltas

пенал

de etui

карандаш

het potlood

точилка

de puntenslijper

ластик

de gum

альбом для рисования

het schetsblok

рисунок

de tekening

кисточка

het penseel

коробка красок

de verfdoos

ножницы

de schaar

клей

de lijm

тетрадь

het schrift

домашняя работа

het huiswerk

12

цифра

het getal

2+2

прибавлять

optellen

5-2

вычитать

aftrekken

2×2

умножать

vermenigvuldigen

считать

rekenen

A

буква

de letter

ABCDEFG
HIJKLMN
OPQRSTU
VWXYZ

алфавит

het alfabet

слово

het woord

текст

de tekst

читать

lezen

мел

het krijt

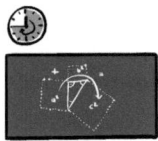

урок

de les

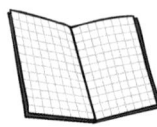

классный журнал

het klassenboek

экзамен

het examen

диплом

het diploma

школьная форма

het schooluniform

образование

de opleiding

энциклопедия

de encyclopedie

университет

de universiteit

микроскоп

de microscoop

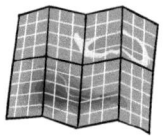

карта

de kaart

корзина для бумаг

de prullenmand

путешествие
de reis

гостиница
het hotel
Grand
турбаза
het hostel
ROOMS
CHANGE
пункт обмена валюты
het wisselkantoor
чемодан
de koffer
автомобиль
de auto

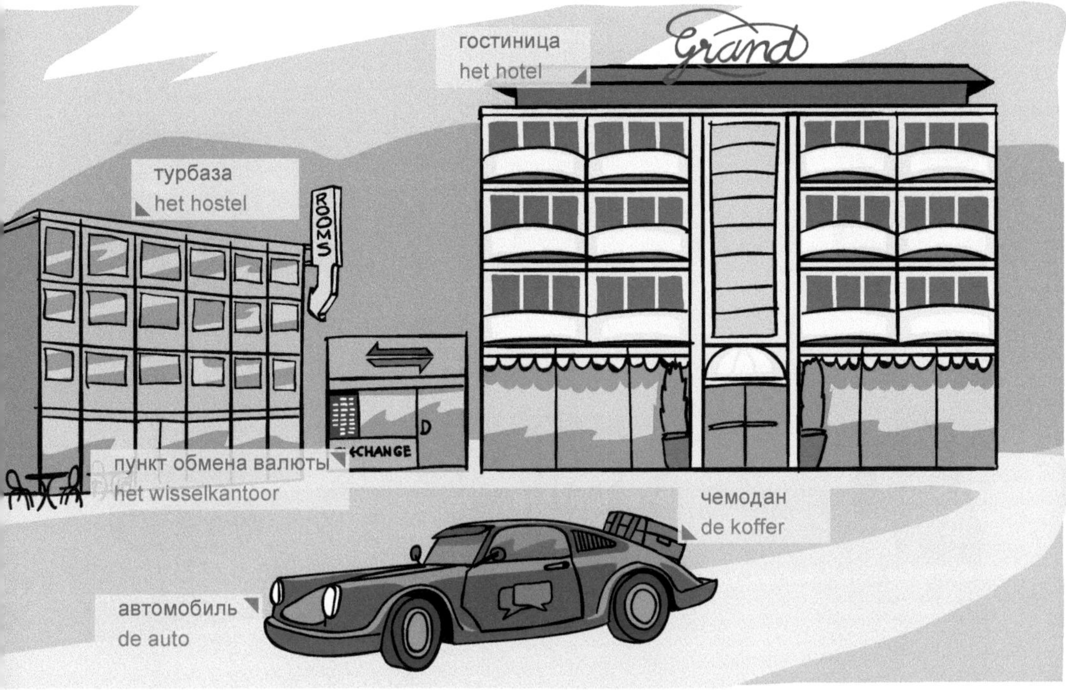

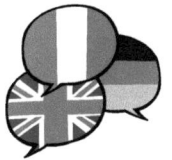

язык

de taal

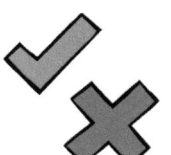

да / нет

ja / nee

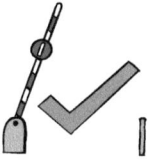

хорошо

oké

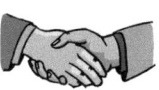

Привет

Hallo!

переводчик

de tolk

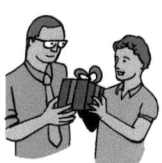

Спасибо

Bedankt.

Сколько стоит...?

Wat kost ...?

Я не понимаю

Ik begrijp het niet.

проблема

het probleem

Добрый вечер!

Goedenavond!

Доброе утро!

Goedemorgen!

Доброй ночи!

Goedenacht!

До свидания

Tot ziens!

направление

de richting

багаж

de bagage

сумка

de tas

рюкзак

de rugzak

гость

de gast

комната

de kamer

спальный мешок

de slaapzak

палатка

de tent

туристическая
информация
het VVV-kantoor

пляж
het strand

кредитная карточка
de creditkaart

завтрак
het ontbijt

обед
de lunch

ужин
het diner

билет
het kaartje

лифт
de lift

почтовая марка
de postzegel

граница
de grens

таможня
de douane

посольство
de ambassade

виза
het visum

паспорт
het paspoort

транспорт
het transport

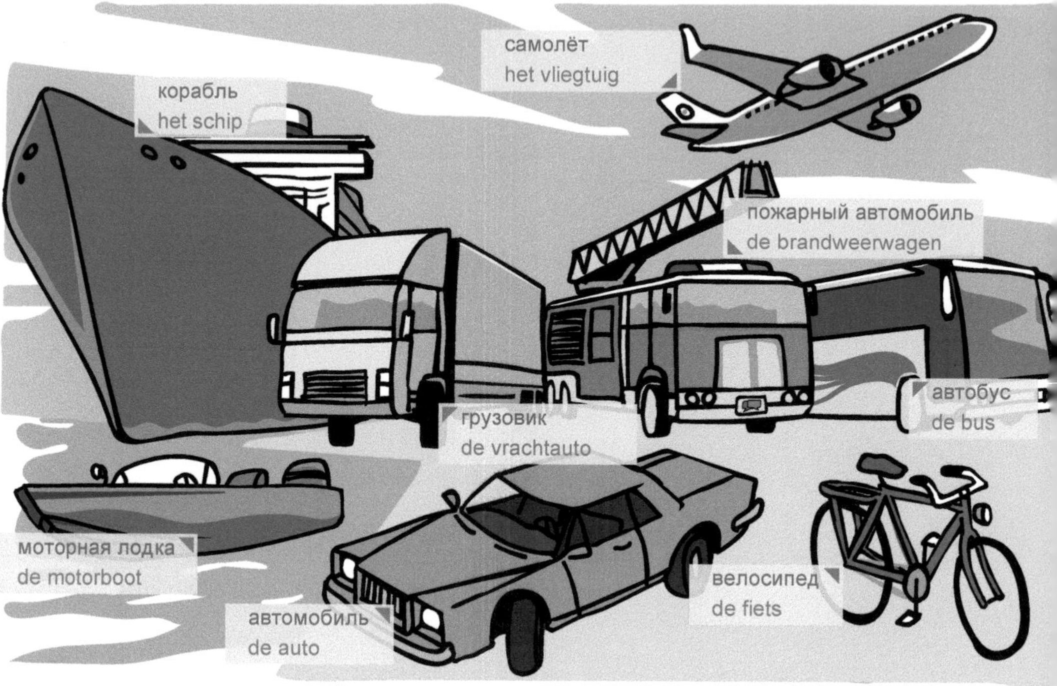

самолёт
het vliegtuig
корабль
het schip
пожарный автомобиль
de brandweerwagen
автобус
de bus
грузовик
de vrachtauto
моторная лодка
de motorboot
велосипед
de fiets
автомобиль
de auto

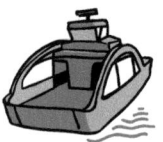

паром

de veerboot

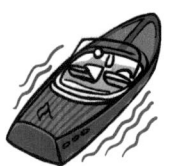

лодка

de boot

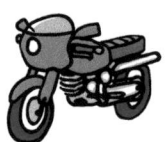

мотоцикл

de motorfiets

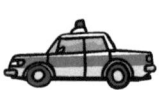

полицейский автомобиль

de politiewagen

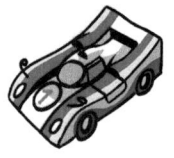

гоночный автомобиль

de raceauto

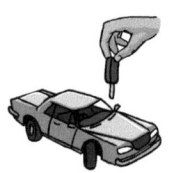

арендованный автомобиль

de huurauto

совместное пользование
автомобилями

de carsharing

буксировочный
автомобиль
de takelwagen

мусоровоз

de vuilniswagen

двигатель

de motor

топливо

de benzine

заправка

de benzinepomp

дорожный знак

het verkeersbord

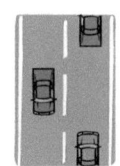

движение

het verkeer

пробка

de file

автостоянка

de parkeerplaats

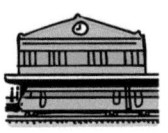

вокзал

het station

рельсы

de rails

поезд

de trein

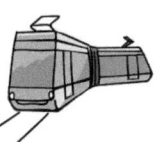

трамвай

de tram

вагон

de wagon

вертолёт

de helikopter

аэропорт

de luchthaven

вышка

de toren

пассажир

de passagier

контейнер

de container

коробка

de verhuisdoos

тележка

de kar

корзина

de mand

взлетать / приземляться

opstijgen / landen

город

de stad

деревня

het dorp

центр города

het stadscentrum

дом

het huis

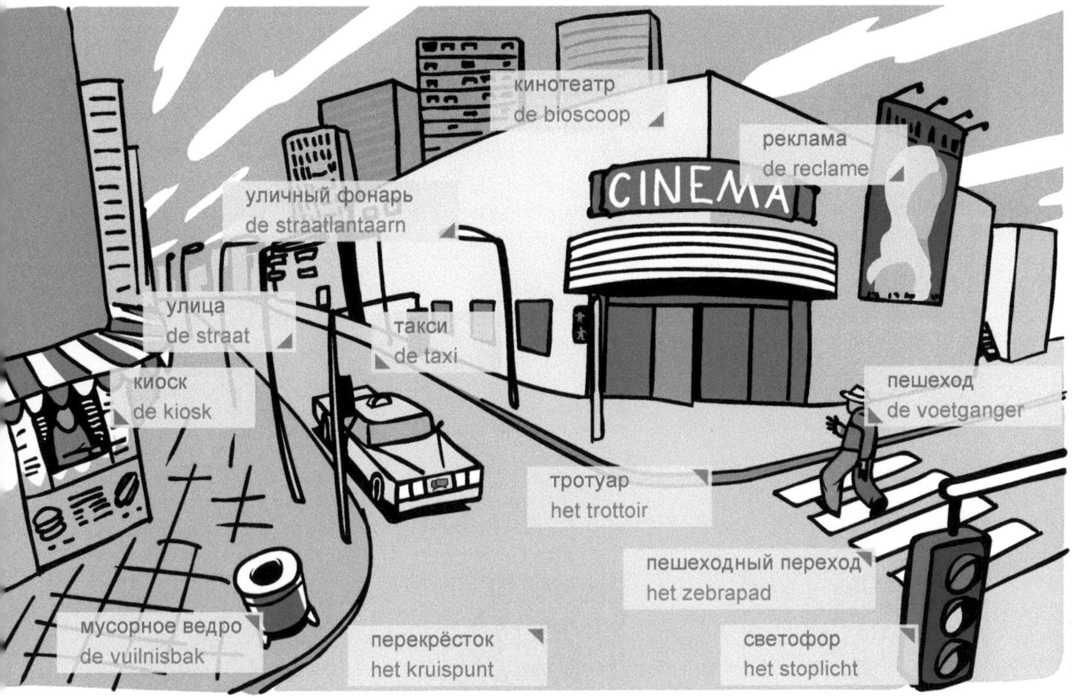

кинотеатр
de bioscoop
реклама
de reclame
CINEMA
уличный фонарь
de straatlantaarn
улица
de straat
такси
de taxi
киоск
de kiosk
пешеход
de voetganger
тротуар
het trottoir
пешеходный переход
het zebrapad
мусорное ведро
de vuilnisbak
перекрёсток
het kruispunt
светофор
het stoplicht

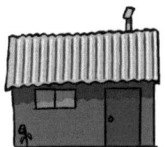

хижина

de hut

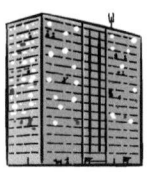

квартира

het appartement

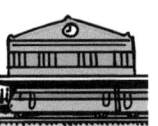

вокзал

het station

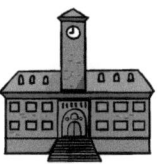

ратуша

het stadhuis

MUSEUM

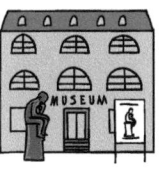

музей

het museum

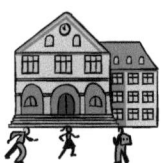

школа

de school

университет

de universiteit

банк

de bank

больница

het ziekenhuis

гостиница

het hotel

аптека

de apotheek

офис

het kantoor

книжный магазин

de boekenwinkel

магазин

de winkel

цветочный магазин

de bloemenwinkel

супермаркет

de supermarkt

рынок

de markt

универмаг

het warenhuis

торговец рыбой

de visboer

торговый центр

het winkelcentrum

порт

de haven

парк

het park

скамейка

de bank

мост

de brug

лестница

de trap

метро

de metro

тоннель

de tunnel

автобусная остановка

de bushalte

бар

de bar

ресторан

het restaurant

почтовый ящик

de brievenbus

табличка с названием
улицы

het straatnaambord

паркометр

de parkeermeter

зоопарк

de dierentuin

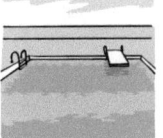

бассейн

het zwembad

мечеть

de moskee

город - de stad

ферма

de boerderij

загрязнение окружающей
среды

de vervuiling

кладбище

de begraafplaats

церковь

de kerk

детская площадка

de speelplaats

храм

de tempel

ландшафт

het landschap

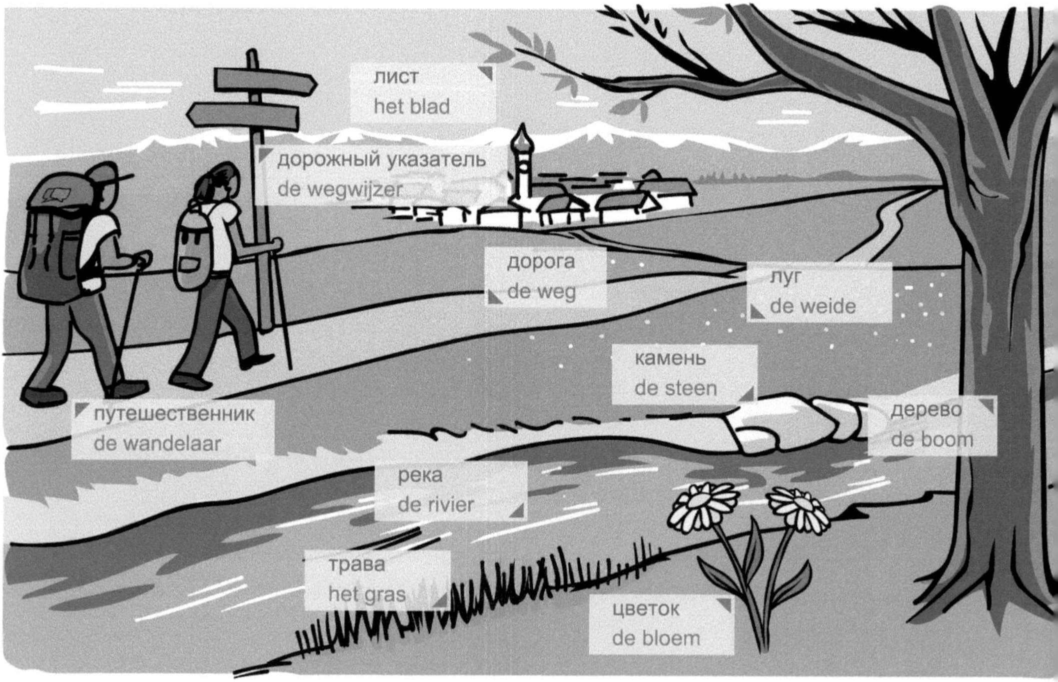

лист
het blad

дорожный указатель
de wegwijzer

дорога
de weg

луг
de weide

камень
de steen

дерево
de boom

путешественник
de wandelaar

река
de rivier

трава
het gras

цветок
de bloem

долина

de vallei

гора

de berg

озеро

het meer

лес

het bos

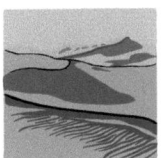

пустыня

de woestijn

вулкан

de vulkaan

замок

het kasteel

радуга

de regenboog

гриб

de paddenstoel

пальма

de palmboom

комар

de mug

муха

de vlieg

муравей

de mier

пчела

de bij

паук

de spin

жук

de kever

лягушка

de kikker

белка

de eekhoorn

еж

de egel

заяц

de haas

сова

de uil

птица

de vogel

лебедь

de zwaan

кабан

het wild zwijn

олень

het hert

лось

de eland

плотина

de stuwdam

ветряной генератор

de windmolen

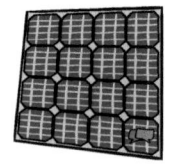

солнечная батарея

het zonnepaneel

климат

het klimaat

ресторан
het restaurant

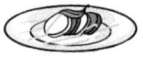

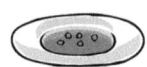

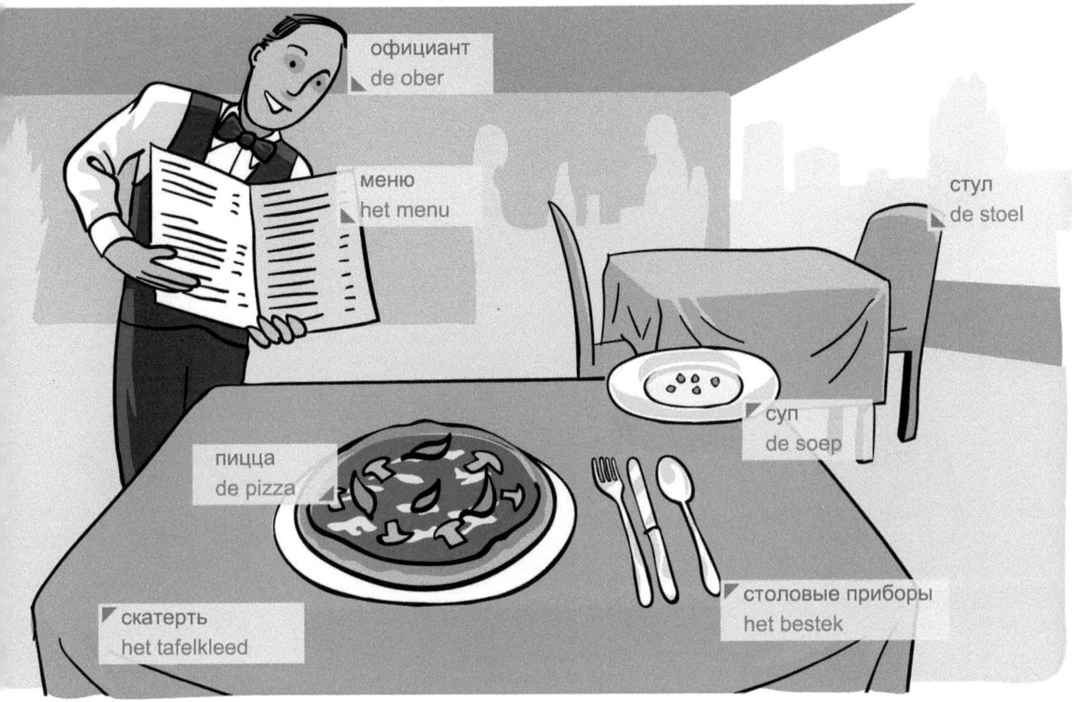

официант
de ober
меню
het menu
стул
de stoel
суп
de soep
пицца
de pizza
столовые приборы
het bestek
скатерть
het tafelkleed

закуска

het voorgerecht

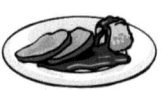

главное блюдо

het hoofdgerecht

десерт

het toetje

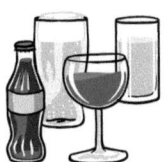

напитки

de dranken

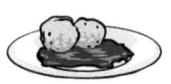

еда

het eten

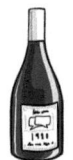

бутылка

de fles

фастфуд

de/het fastfood

уличная еда

het eetkraampje

чайник

de theepot

сахарница

de suikerpot

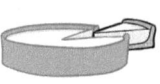

порция

de portie

кофеварка

de espressomachine

детский стульчик

de kinderstoel

счет

de rekening

поднос

het dienblad

нож

het mes

вилка

de vork

ложка

de lepel

чайная ложка

de theelepel

салфетка

het servet

стакан

het glas

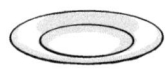

тарелка

het bord

суповая тарелка

het soepbord

блюдце

de schotel

соус

de saus

солонка

het zoutvaatje

мельница для перца

de pepermolen

уксус

de azijn

масло

de olie

специи

de kruiden

кетчуп

de ketchup

горчица

de mosterd

майонез

de mayonaise

супермаркет
de supermarkt

специальное предложение
de aanbieding
FOR
покупатель
de klant
молочные продукты
de zuivelproducten
фрукты
het fruit
тележка для покупок
de winkelwagen

BUTCHERS

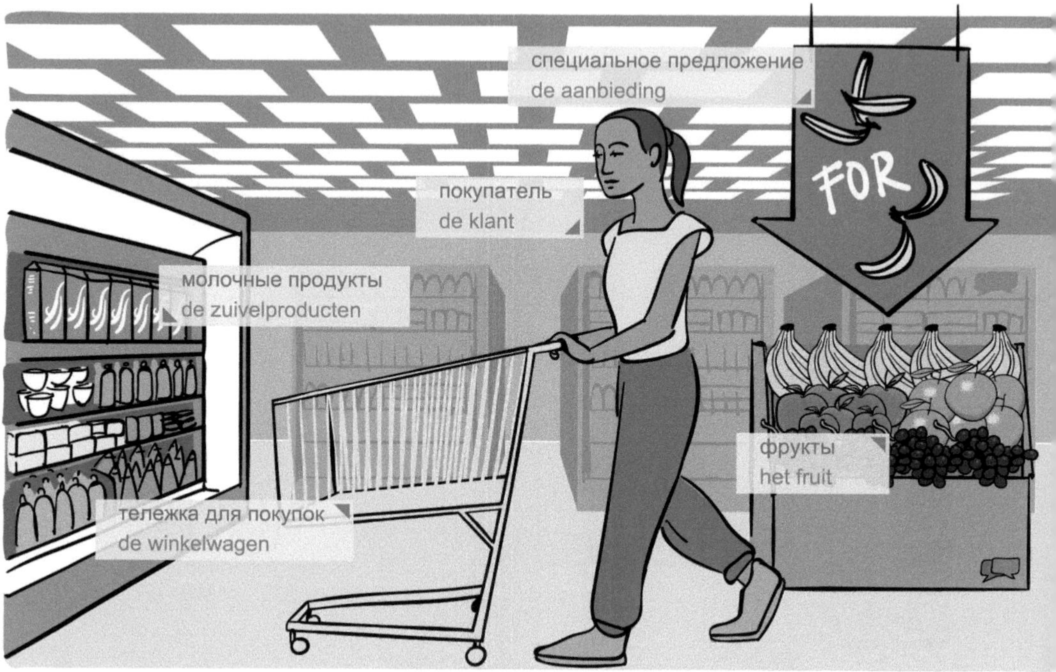

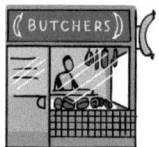

мясной магазин

de slager

BAKERY

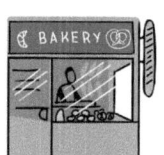

пекарня

de bakkerij

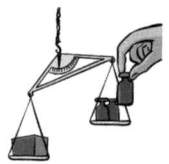

взвешивать

wegen

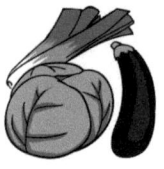

овощи

de groente

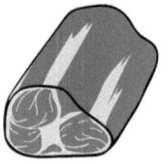

мясо

het vlees

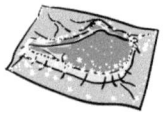

быстрозамороженные продукты

de diepvriesproducten

нарезка

de vleeswaren

консервы

de conserven

стиральный порошок

het wasmiddel

сладости

het snoepgoed

предмет домашнего обихода

de huishoudelijke artikelen

моющее средство

het schoonmaakmiddel

продавщица

de verkoopster

касса

de kassa

кассир

de kassier

список покупок

het boodschappenlijstje

время работы

de openingstijden

бумажник

de portefeuille

кредитная карточка

de creditkaart

сумка

de tas

полиэтиленовый пакет

de plastic zak

de dranken

вода

het water

сок

het sap

молоко

de melk

кока-кола

de cola

вино

de wijn

пиво

het bier

алкоголь

de alcohol

какао

de chocolademelk

чай

de thee

кофе

de koffie

эспрессо

de espresso

капучино

de cappuccino

банан

de banaan

яблоко

de appel

апельсин

de sinaasappel

арбуз

de watermeloen

лимон

de citroen

морковь

de wortel

чеснок

de knoflook

бамбук

de bamboe

лук

de ui

гриб

de paddenstoel

орехи

de noten

лапша

de pasta

спагетти

de spaghetti

рис

de rijst

салат

de salade

картофель фри

de friet

жареный картофель

de gebakken aardappelen

пицца

de pizza

гамбургер

de hamburger

сэндвич

de sandwich

шницель

de schnitzel

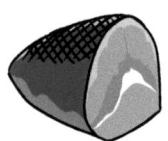

ветчина

de ham

салями

de salami

колбаса

de worst

курица

de kip

жаркое

het gebraad

рыба

de vis

овсяные хлопья

de havermout

мюсли

de muesli

кукурузные хлопья

de cornflakes

мука

het meel

круассан

de croissant

булочка

de broodjes

хлеб

het brood

тост

de toast

печенье

de koekjes

масло

de boter

творог

de kwark

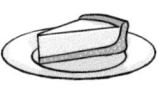

пирог

de taart

яйцо

het ei

яичница

het gebakken ei

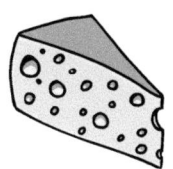

сыр

de kaas

мороженое

het ijs

сахар

de suiker

мёд

de honing

мармелад

de jam

крем с нугой

de chocoladepasta

карри

de kerrie

ферма

de boerderij

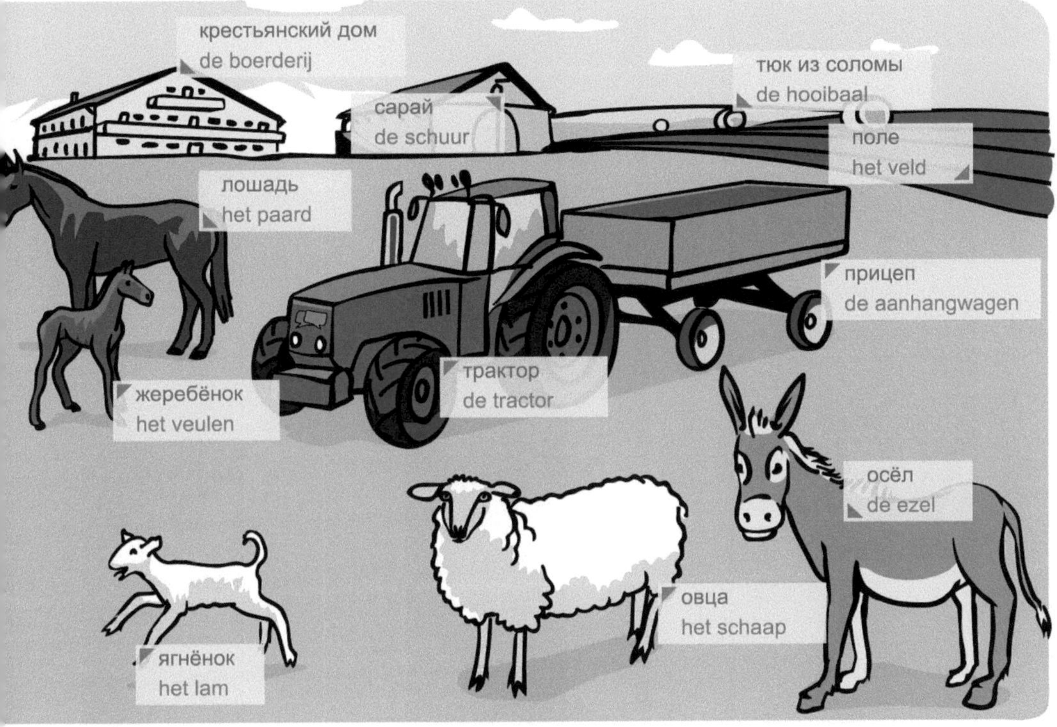
крестьянский дом
de boerderij
сарай
de schuur
тюк из соломы
de hooibaal
поле
het veld
лошадь
het paard
прицеп
de aanhangwagen
жеребёнок
het veulen
трактор
de tractor
осёл
de ezel
овца
het schaap
ягнёнок
het lam

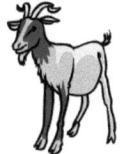

коза

de geit

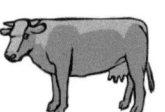

корова

de koe

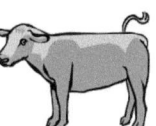

телёнок

het kalf

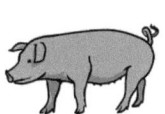

свинья

het varken

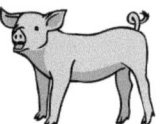

поросёнок

de big

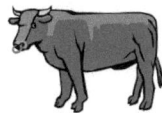

бык

de stier

гусь

de gans

утка

de eend

цыплёнок

het kuiken

курица

de kip

петух

de haan

крыса

de rat

кошка

de kat

мышь

de muis

вол

de os

собака

de hond

конура

het hondenhok

садовый шланг

de tuinslang

лейка

de gieter

коса

de zeis

плуг

de ploeg

серп

de sikkel

мотыга

de schoffel

навозные вилы

de hooivork

топор

de bijl

тачка

de kruiwagen

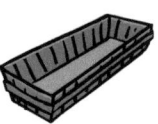

корыто

de trog

бидон для молока

de melkbus

мешок

de zak

забор

het hek

хлев

de stal

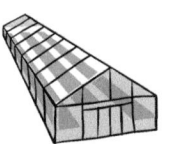

теплица

de broeikas

почва

de grond

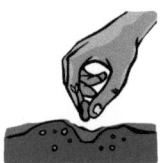

посев

het zaad

удобрение

de mest

комбайн

de maaidorser

собирать урожай

oogsten

урожай

de oogst

ямс

de yam

пшеница

de tarwe

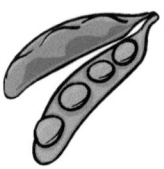

соя

de soja

картофель

de aardappel

кукуруза

de maïs

рапс

het koolzaad

фруктовое дерево

de fruitboom

маниок

de maniok

злаки

de granen

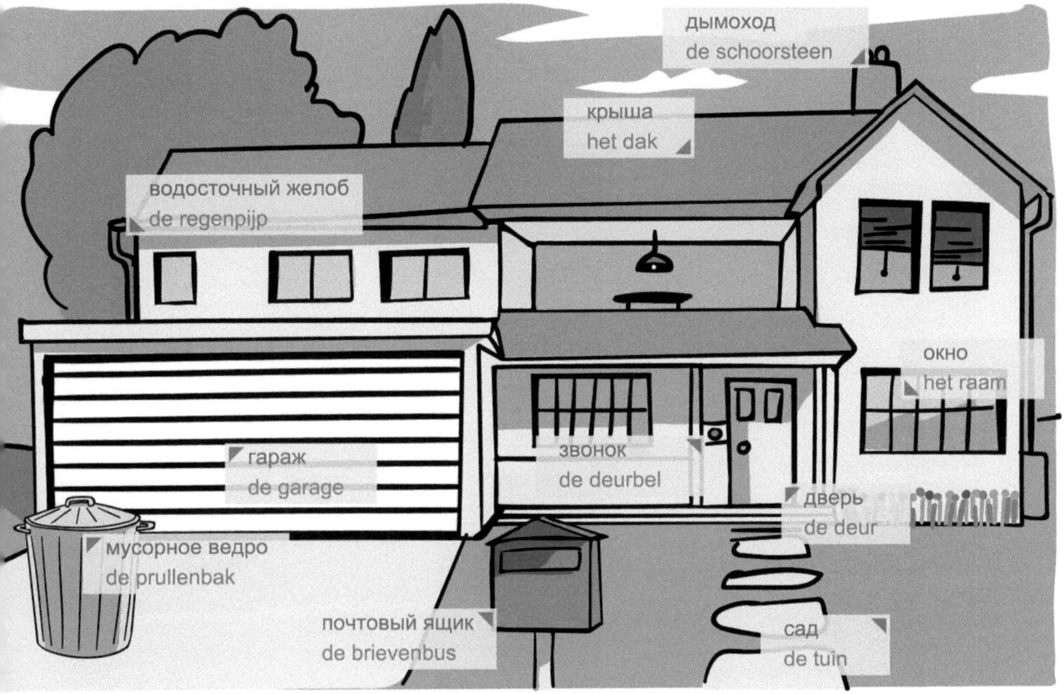

дымоход
de schoorsteen

крыша
het dak

водосточный желоб
de regenpijp

окно
het raam

гараж
de garage

звонок
de deurbel

дверь
de deur

мусорное ведро
de prullenbak

почтовый ящик
de brievenbus

сад
de tuin

гостиная

de woonkamer

ванная комната

de badkamer

кухня

de keuken

спальня

de slaapkamer

детская комната

de kinderkamer

столовая

de eetkamer

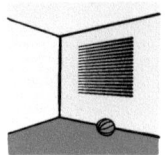

пол

de vloer

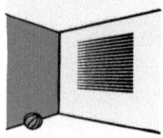

стена

de muur

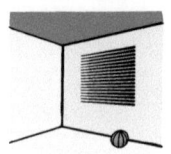

потолок

het plafond

подвал

de kelder

сауна

de sauna

балкон

het balkon

терраса

het terras

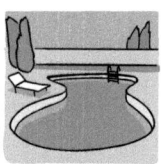

бассейн

het zwembad

газонокосилка

de grasmaaier

пододеяльник

het laken

покрывало

de bedsprei

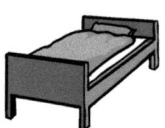

кровать

het bed

метла

de bezem

ведро

de emmer

выключатель

de schakelaar

гостиная
de woonkamer

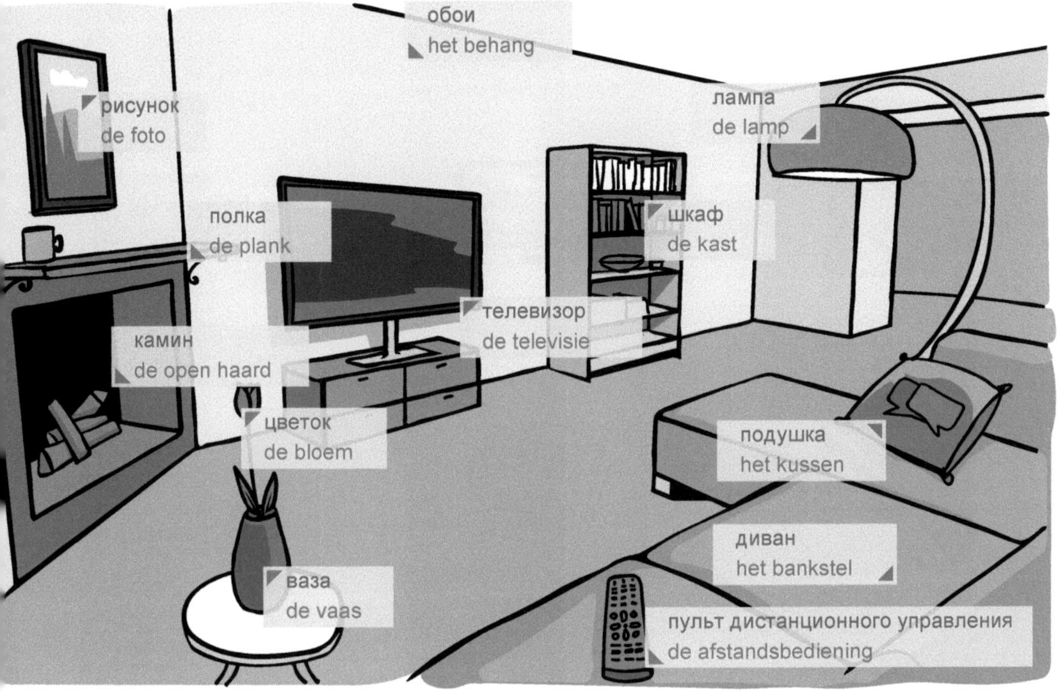
обои
het behang
рисунок
de foto
лампа
de lamp
полка
de plank
шкаф
de kast
телевизор
de televisie
камин
de open haard
цветок
de bloem
подушка
het kussen
диван
het bankstel
ваза
de vaas
пульт дистанционного управления
de afstandsbediening

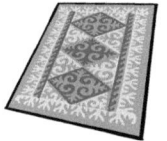

ковёр

het tapijt

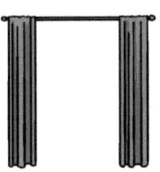

штора

het gordijn

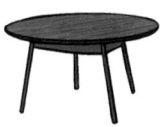

стол

de tafel

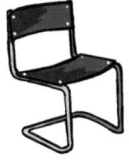

стул

de stoel

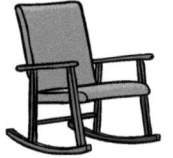

кресло-качалка

de schommelstoel

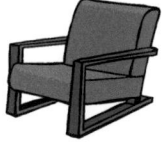

кресло

de stoel

книга

het boek

покрывало

de deken

украшение

de decoratie

дрова

het brandhout

фильм

de film

стереосистема

de stereo-installatie

ключ

de sleutel

газета

de krant

картина

het schilderij

плакат

de poster

радио

de radio

блокнот

het kladblok

пылесос

de stofzuiger

кактус

de cactus

свеча

de kaars

кухня
de keuken

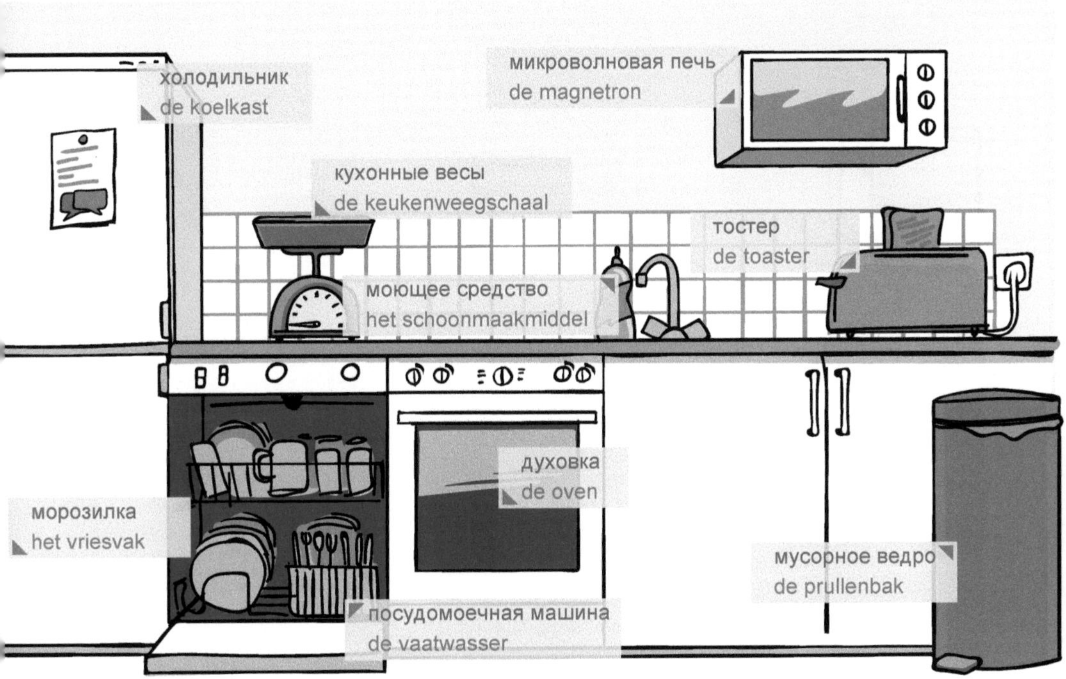

холодильник
de koelkast
микроволновая печь
de magnetron
кухонные весы
de keukenweegschaal
тостер
de toaster
моющее средство
het schoonmaakmiddel
духовка
de oven
морозилка
het vriesvak
мусорное ведро
de prullenbak
посудомоечная машина
de vaatwasser

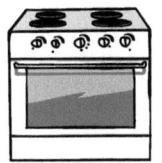

плита

het fornuis

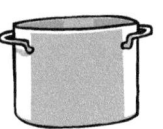

кастрюля

de pan

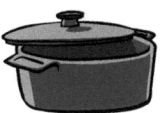

чугунный котелок

de gietijzeren pan

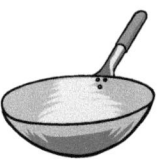

вок / кадай

de wok / kadai

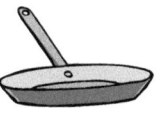

сковорода

de koekenpan

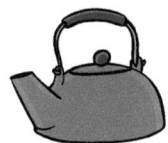

чайник

de ketel

пароварка

de stoomkoker

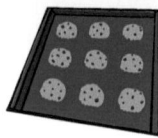

противень

de bakplaat

посуда

het servies

кружка

de beker

миска

de kom

палочки для еды

de eetstokjes

половник

de soeplepel

лопатка

de spatel

сбивалка

de garde

сито

het vergiet

сито

de zeef

тёрка

de rasp

ступка

de vijzel

гриль

de barbecue

костёр

de vuurhaard

доска

de snijplank

скалка

de deegroller

штопор

de kurkentrekker

жестяная банка

het blik

консервный нож

de blikopener

прихватка

de pannenlap

раковина

de wasbak

щетка

de borstel

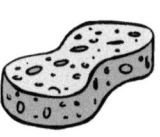

губка

de spons

миксер

de blender

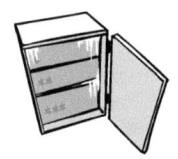

морозильная камера

de vriezer

бутылочка для кормления

het babyflesje

кран

de kraan

кухня - de keuken

ванная комната
de badkamer

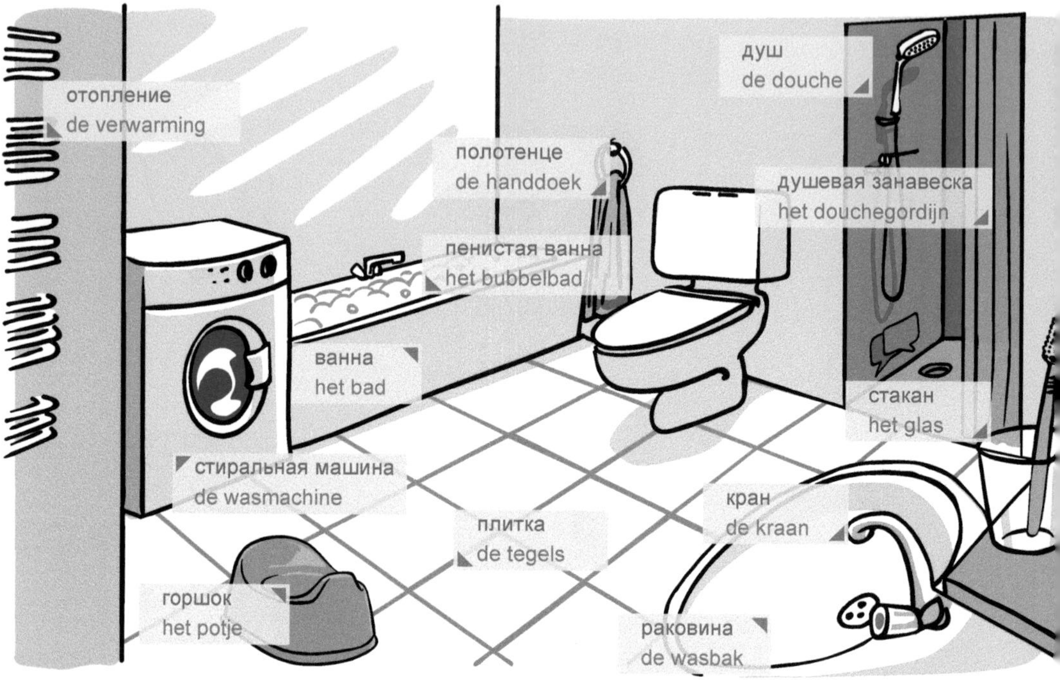

отопление
de verwarming
полотенце
de handdoek
душ
de douche
душевая занавеска
het douchegordijn
пенистая ванна
het bubbelbad
ванна
het bad
стакан
het glas
стиральная машина
de wasmachine
кран
de kraan
плитка
de tegels
горшок
het potje
раковина
de wasbak

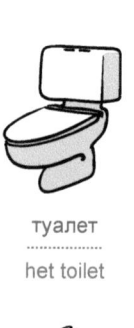

туалет
het toilet

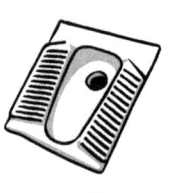

напольный унитаз
het hurktoilet

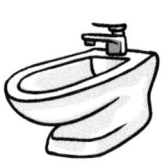

биде
de/het bidet

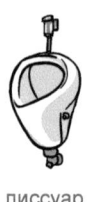

писсуар
het urinoir

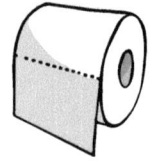

туалетная бумага
het toiletpapier

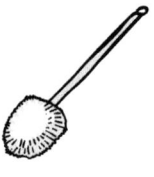

ершик
de toiletborstel

зубная щетка

de tandenborstel

зубная паста

de tandpasta

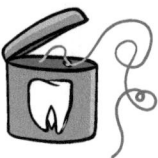

зубная нить

het flosdraad

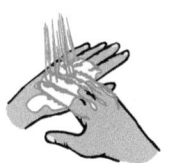

мыть

wassen

ручной душ

de handdouche

интимный душ

de toiletdouche

таз

de waskom

щетка для спины

de rugborstel

мыло

de zeep

гель для душа

de douchegel

шампунь

de shampoo

мочалка

het washandje

сток

de afvoer

крем

de creme

дезодорант

de deodorant

зеркало

de spiegel

ручное зеркало

de make-upspiegel

бритва

het scheermes

пена для бритья

het scheerschuim

лосьон после бритья

de aftershave

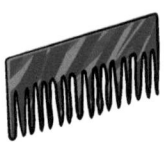

расческа

de kam

щетка

de borstel

фен

de haardroger

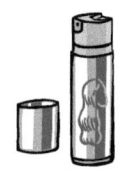

лак для волос

de haarspray

косметика

de make-up

губная помада

de lippenstift

лак для ногтей

de nagellak

вата

de watten

маникюрные ножницы

het nagelschaartje

духи

de/het parfum

косметичка

de toilettas

табуретка

de kruk

весы

de weegschaal

халат

de badjas

резиновые перчатки

de rubber handschoenen

тампон

de tampon

гигиеническая прокладка

het maandverband

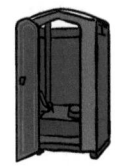

биотуалет

het chemisch toilet

детская комната
de kinderkamer

будильник
de wekker
мягкая игрушка
het knuffeldier
игрушечный автомобиль
de speelgoedauto
погремушка
de rammelaar
кукольный домик
het poppenhuis
подарок
het cadeau

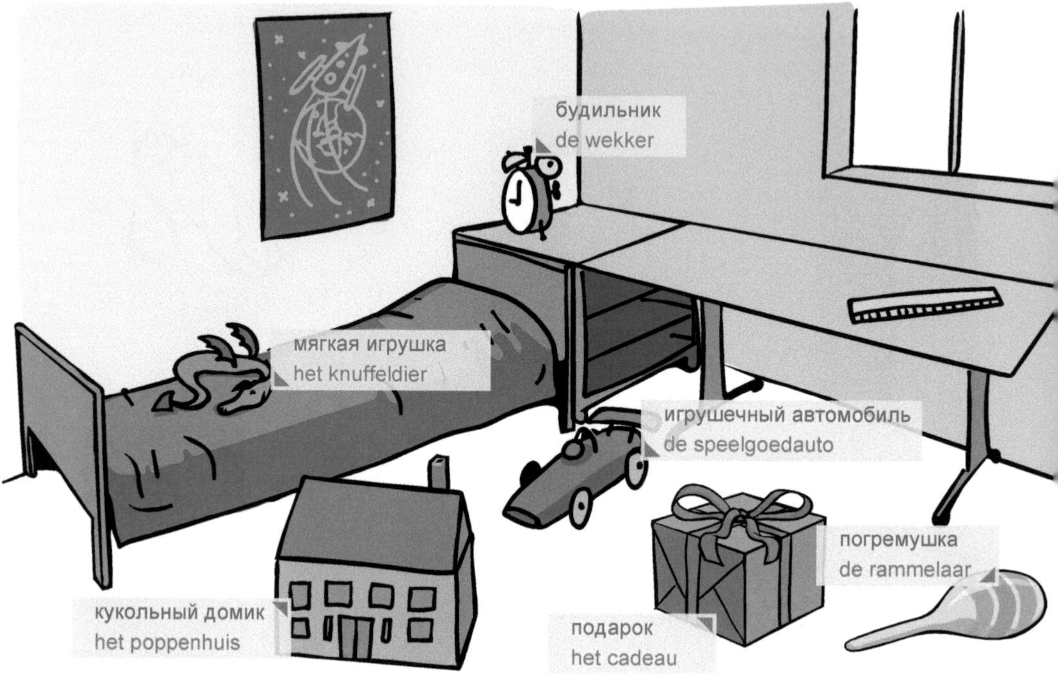

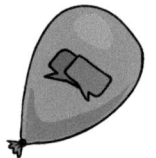

воздушный шар

de ballon

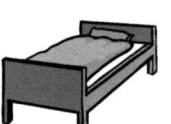

кровать

het bed

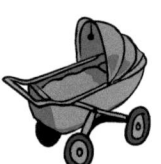

детская коляска

de kinderwagen

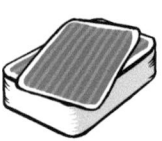

карточная игра

het kaartspel

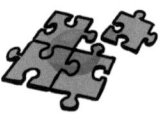

пазл

de puzzel

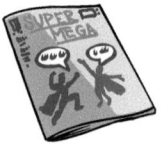

комикс

het stripverhaal

кирпичики Лего

de legostenen

кубики

de speelgoedblokken

игрушечная фигурка

het actiefiguurtje

ползунки

de romper

фрисби

de frisbee

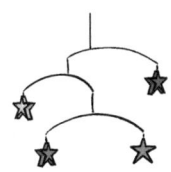

мобиле

de/het mobile

настольная игра

het bordspel

кубик

de dobbelsteen

модель железной дороги

de modeltrein

соска

de speen

вечеринка

het feestje

книга с картинками

het prentenboek

мяч

de bal

кукла

de pop

играть

spelen

песочница

de zandbak

качели

de schommel

игрушка

het speelgoed

игровая приставка

de spelcomputer

трёхколесный велосипед

de driewieler

плюшевый медвежонок

de teddybeer

шкаф для одежды

de kleerkast

одежда

de kleding

носки

de sokken

чулки

de kousen

колготки

de panty

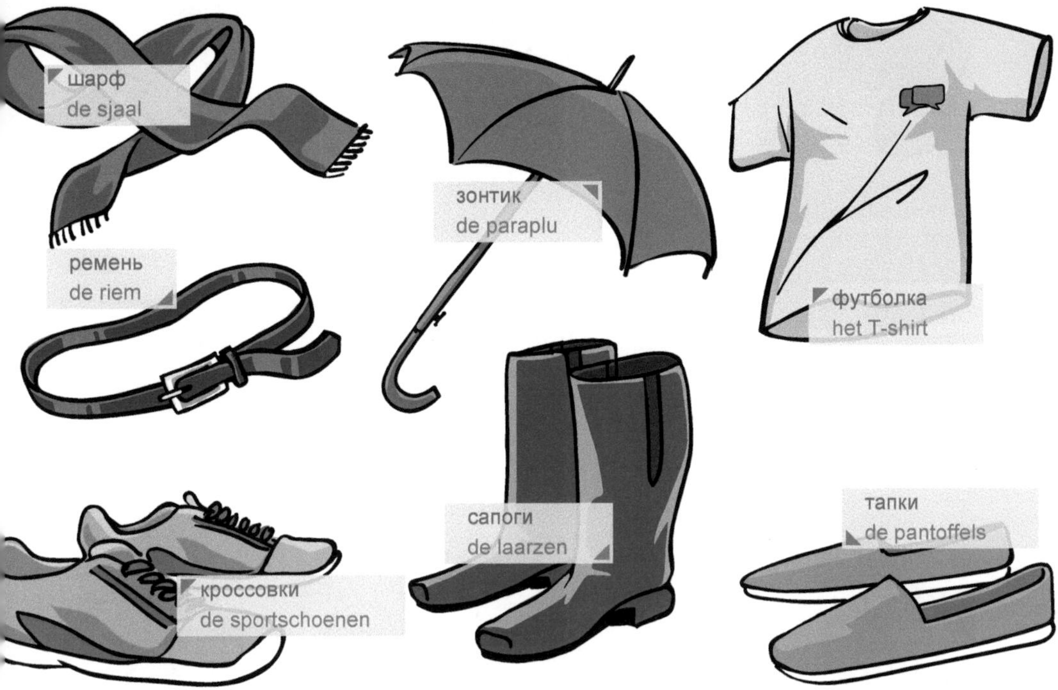

шарф
de sjaal

зонтик
de paraplu

ремень
de riem

футболка
het T-shirt

тапки
de pantoffels

сапоги
de laarzen

кроссовки
de sportschoenen

сандалии
de sandalen

ботинки
de schoenen

резиновые сапоги
de rubberlaarzen

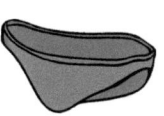

трусы
de onderbroek

бюстгальтер
de beha

майка
het onderhemd

боди

de body

брюки

de broek

джинсы

de spijkerbroek

юбка

de rok

блузка

de blouse

рубашка

het overhemd

свитер

de trui

свитер

de hoody

спортивная куртка

de blazer

жакет

de jas

пальто

de mantel

плащ

de regenjas

костюм

het kostuum

платье

de jurk

свадебное платье

de trouwjurk

мужской костюм

het pak

ночная сорочка

het nachthemd

пижама

de pyjama

сари

de sari

платок

de hoofddoek

тюрбан

de tulband

паранджа

de boerka

кафтан

de kaftan

абайя

de abaja

купальник

het zwempak

плавки

de zwembroek

шорты

de korte broek

спортивный костюм

het trainingspak

фартук

de/het schort

перчатки

de handschoenen

пуговица

de knoop

очки

de bril

браслет

de armband

цепочка

de ketting

кольцо

de ring

серьга

de oorbel

шапка

de pet

вешалка

de kledinghanger

шляпа

de hoed

галстук

de stropdas

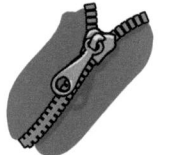

застежка молния

de rits

шлем

de helm

подтяжки

de bretels

школьная форма

het schooluniform

форма

het uniform

детский нагрудник

het slabbetje

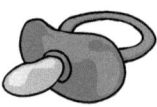

соска

de speen

подгузник

de luier

офис

het kantoor

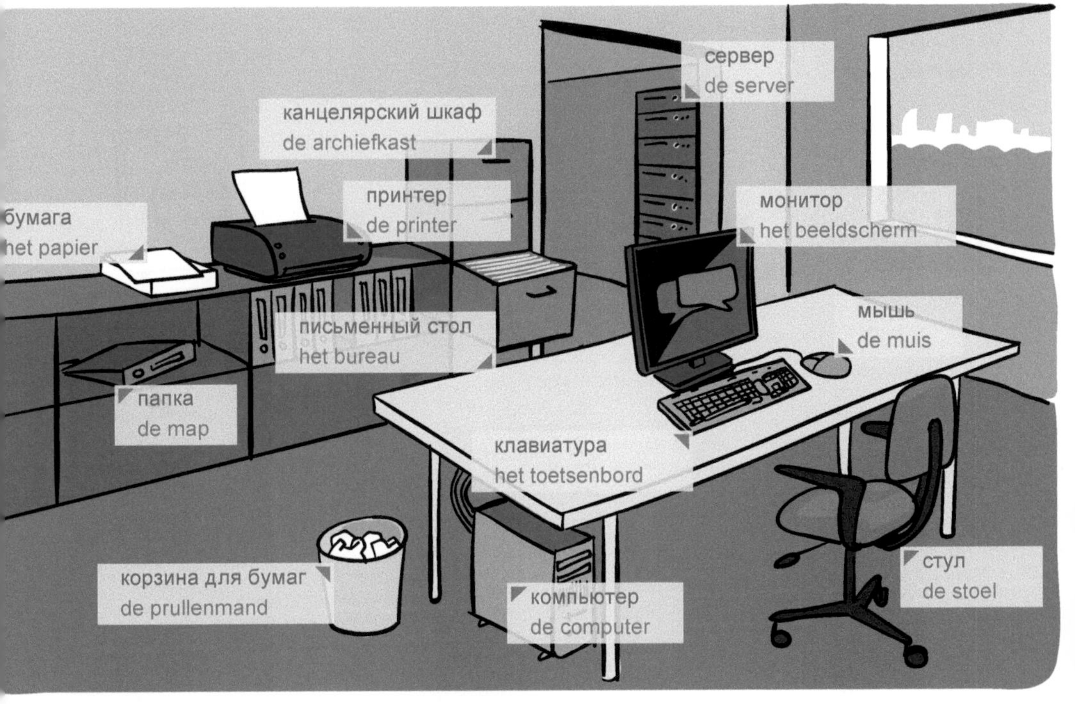

сервер
de server

канцелярский шкаф
de archiefkast

принтер
de printer

монитор
het beeldscherm

бумага
het papier

письменный стол
het bureau

мышь
de muis

папка
de map

клавиатура
het toetsenbord

корзина для бумаг
de prullenmand

стул
de stoel

компьютер
de computer

кофейная кружка

de koffiemok

калькулятор

de rekenmachine

интернет

het internet

ноутбук

de laptop

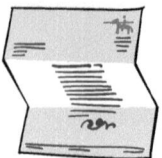

письмо

de brief

сообщение

het bericht

мобильный телефон

de mobiele telefoon

сеть

het netwerk

ксерокс

de kopieermachine

программа

de software

телефон

de telefoon

розетка

het stopcontact

факс

de fax

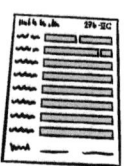

формуляр

het formulier

документ

het document

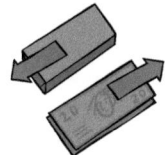

покупать

kopen

платить

betalen

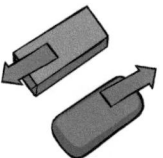

торговать

handel drijven

деньги

het geld

доллар

de dollar

евро

de euro

иена

de yen

рубль

de roebel

франк

de Zwitserse frank

жэньминьби юань

de renminbi yuan

рупия

de roepie

банкомат

de geldautomaat

пункт обмена валюты

het wisselkantoor

золото

het goud

серебро

het zilver

нефть

de olie

энергия

de energie

цена

de prijs

договор

het contract

налог

de belasting

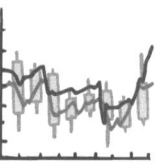

акция

het aandeel

работать

werken

служащий

de werknemer

работодатель

de werkgever

фабрика

de fabriek

магазин

de winkel

профессии
de beroepen

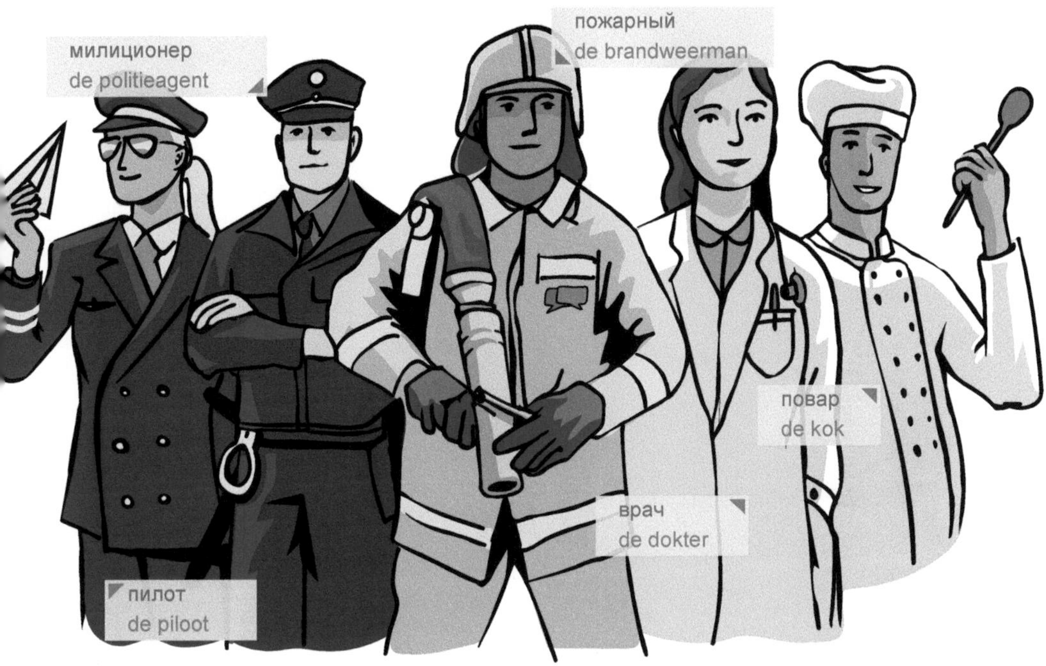
милиционер
de politieagent
пожарный
de brandweerman
повар
de kok
врач
de dokter
пилот
de piloot

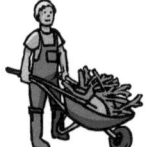

садовник

de tuinman

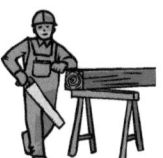

столяр

de timmerman

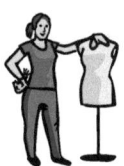

швея

de naaister

судья

de rechter

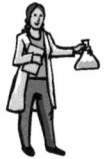

химик

de scheikundige

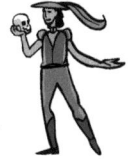

актёр

de toneelspeler

водитель автобуса

de buschauffeur

таксист

de taxichauffeur

рыбак

de visser

уборщица

de schoonmaakster

кровельщик

de dakdekker

официант

de ober

охотник

de jager

художник

de schilder

пекарь

de bakker

электрик

de elektricien

строитель

de bouwvakker

инженер

de ingenieur

мясник

de slager

сантехник

de loodgieter

почтальон

de postbode

солдат

de soldaat

архитектор

de architect

кассир

de kassier

флорист

de bloemist

парикмахер

de kapper

кондуктор

de conducteur

механик

de monteur

капитан

de kapitein

зубной врач

de tandarts

ученый

de wetenschapper

раввин

de rabbi

имам

de imam

монах

de monnik

священник

de pastoor

инструменты
het gereedschap

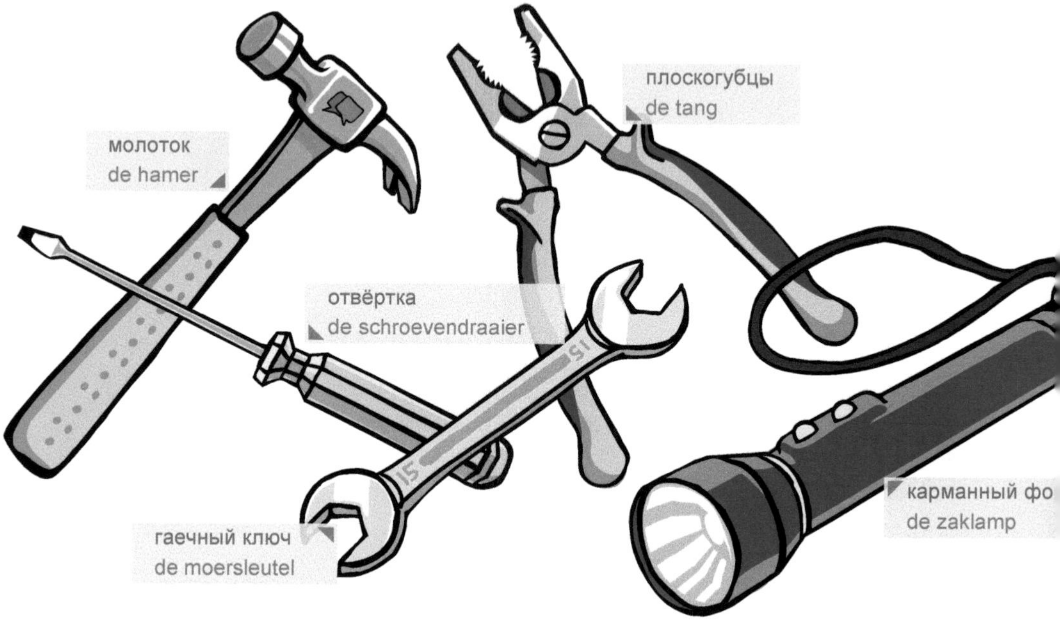

молоток
de hamer
плоскогубцы
de tang
отвёртка
de schroevendraaier
гаечный ключ
de moersleutel
карманный фо
de zaklamp

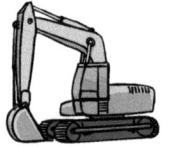

экскаватор

de graafmachine

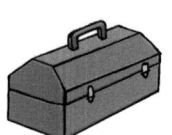

ящик для инструментов

de gereedschapskist

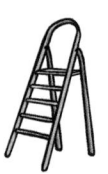

стремянка

de ladder

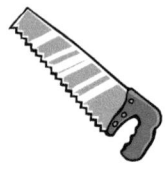

пила

de zaag

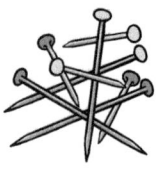

гвозди

de spijkers

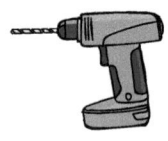

дрель

de boor

ремонтировать

repareren

лопата

de schep

Блин!

Verdorie!

совок

het stofblik

ведро с краской

de verfpot

винты

de schroeven

музыкальные инструменты
de muziekinstrumenten

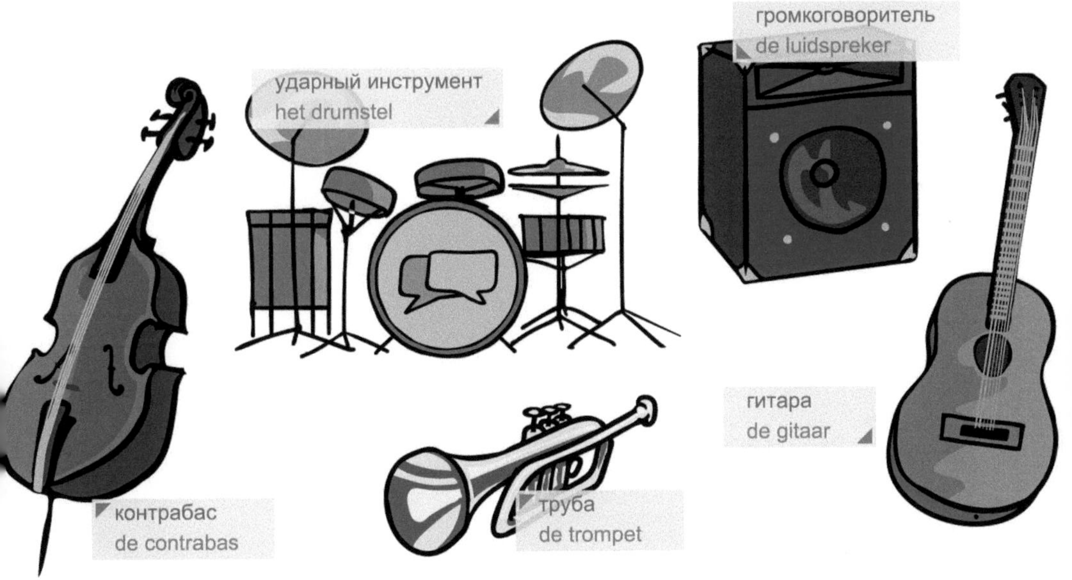

ударный инструмент
het drumstel

громкоговоритель
de luidspreker

гитара
de gitaar

контрабас
de contrabas

труба
de trompet

пианино

de piano

скрипка

de viool

бас-гитара

de bas

литавры

de pauk

барабан

de trommel

синтезатор

het keyboard

саксофон

de saxofoon

флейта

de fluit

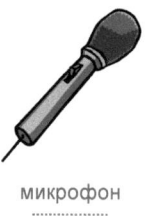

микрофон

de microfoon

зоопарк

de dierentuin

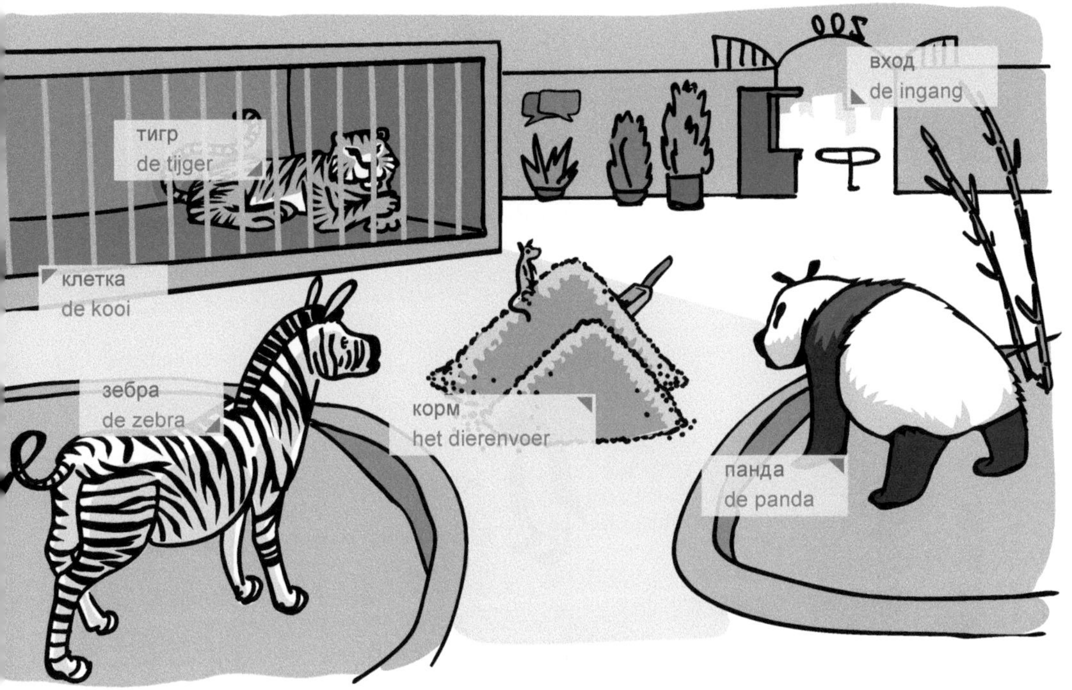

ZOO
вход
de ingang
тигр
de tijger
клетка
de kooi
зебра
de zebra
корм
het dierenvoer
панда
de panda

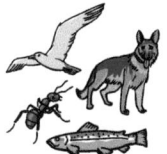

животные

de dieren

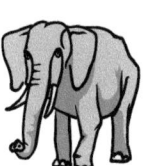

слон

de olifant

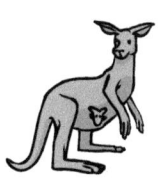

кенгуру

de kangoeroe

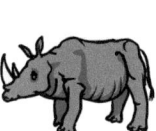

носорог

de neushoorn

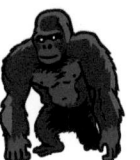

горилла

de gorilla

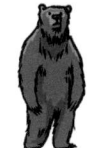

медведь

de beer

верблюд

de kameel

страус

de struisvogel

лев

de leeuw

обезьяна

de aap

фламинго

de flamingo

попугай

de papegaai

белый медведь

de ijsbeer

пингвин

de pinguïn

акула

de haai

павлин

de pauw

змея

de slang

крокодил

de krokodil

служитель зоопарка

de dierenverzorger

тюлень

de zeehond

ягуар

de jaguar

пони

de pony

леопард

de/het luipaard

бегемот

het nijlpaard

жираф

de giraffe

орёл

de adelaar

кабан

het wild zwijn

рыба

de vis

черепаха

de schildpad

морж

de walrus

лиса

de vos

газель

de gazelle

американский футбол
American football

езда на велосипеде
wielrennen

теннис
tennis

баскетбол
basketbal

плавание
zwemmen

бокс
boksen

хоккей
ijshockey

футбол
voetbal

бадминтон
badminton

лёгкая атлетика
atletiek

гандбол
handbal

лыжный спорт
skiën

поло
polo

действия
de activiteiten

смеяться
lachen
прыгать
springen
обнимать
knuffelen
идти
lopen
петь
zingen
мечтать
dromen
молиться
bidden
целовать
kussen

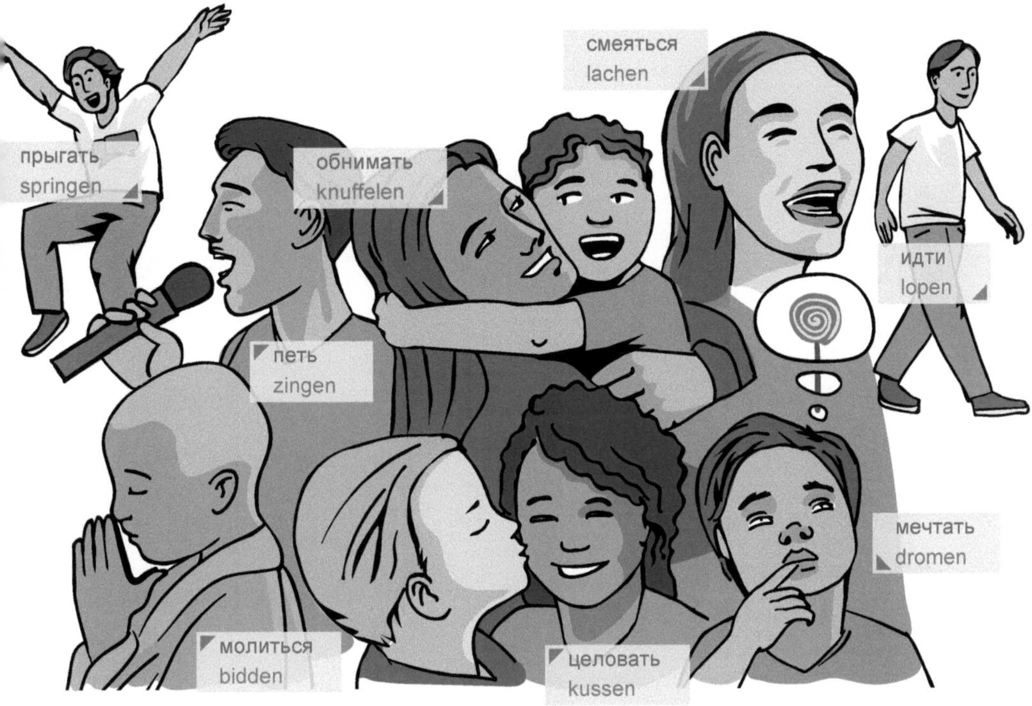

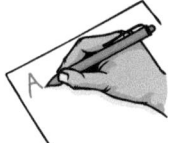

писать

schrijven

рисовать

tekenen

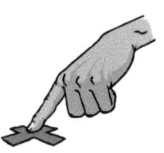

показывать

tonen

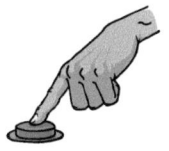

нажимать

duwen

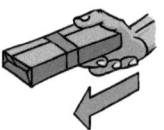

давать

geven

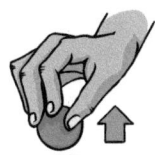

брать

oppakken

иметь

hebben

делать

doen

быть

zijn

стоять

staan

бежать

rennen

тянуть

trekken

бросать

gooien

падать

vallen

лежать

liggen

ждать

wachten

носить

dragen

сидеть

zitten

надевать

aankleden

спать

slapen

просыпаться

wakker worden

рассматривать
....
bekijken

плакать
....
huilen

гладить
....
strelen

причесывать
....
kammen

говорить
....
praten

понимать
....
begrijpen

спрашивать
....
vragen

слушать
....
horen

пить
....
drinken

кушать
....
eten

наводить порядок
....
opruimen

любить
....
houden van

готовить
....
koken

ехать
....
rijden

летать
....
vliegen

ходить под парусом
zeilen

считать
rekenen

читать
lezen

учиться
leren

работать
werken

вступать в брак
trouwen

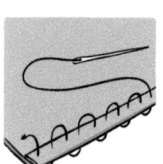

шить
naaien

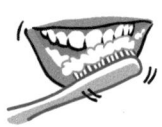

чистить зубы
tandenpoetsen

убивать
doden

курить
roken

отправлять
verzenden

бушка
grootmoeder

дедушка
de grootvader

папа
de vader

мама
de moeder

младенец
de baby

дочь
de dochter

сын
de zoon

гость

de gast

тетя

de tante

дядя

de oom

брат

de broer

сестра

de zus

тело

het lichaam

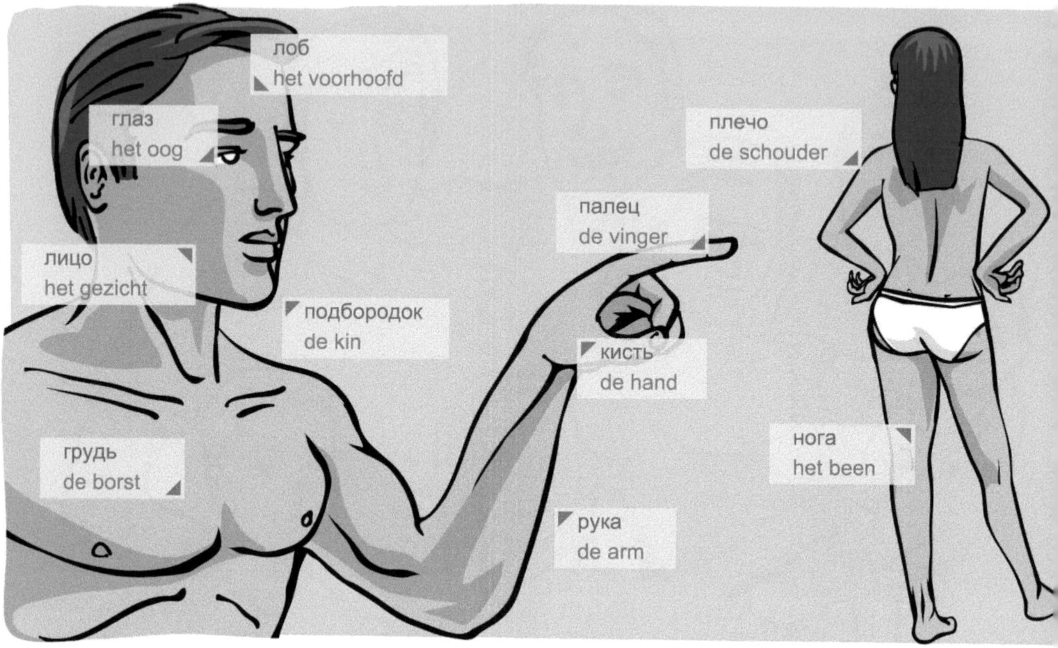

лоб
het voorhoofd
глаз
het oog
плечо
de schouder
палец
de vinger
лицо
het gezicht
подбородок
de kin
кисть
de hand
нога
het been
грудь
de borst
рука
de arm

младенец

de baby

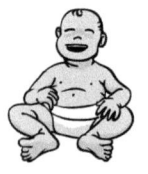

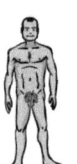

мужчина

de man

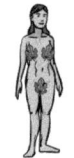

женщина

de vrouw

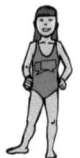

девочка

het meisje

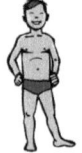

мальчик

de jongen

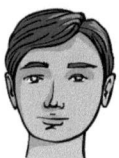

голова

het hoofd

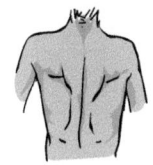

спина

de rug

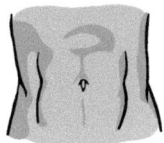

живот

de buik

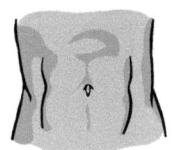

пупок

de navel

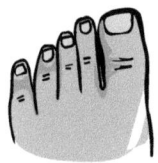

палец ноги

de teen

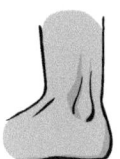

пятка

de hiel

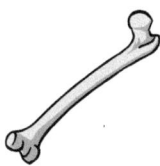

кость

het bot

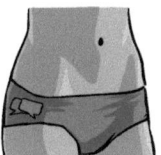

бедро

de heup

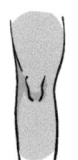

колено

de knie

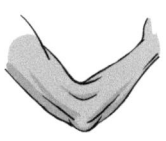

локоть

de elleboog

нос

de neus

ягодицы

het achterwerk

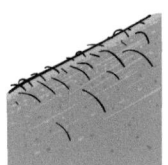

кожа

de huid

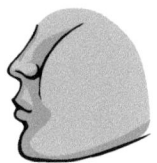

щека

de wang

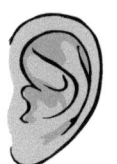

ухо

het oor

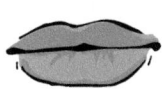

губа

de lippen

тело - het lichaam

рот

de mond

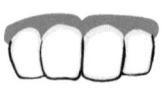

зуб

de tand

язык

de tong

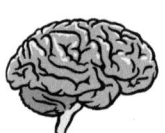

мозг

de hersenen

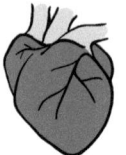

сердце

het hart

мышца

de spier

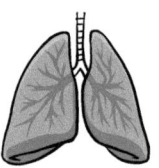

лёгкое

de long

печень

de lever

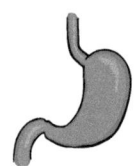

желудок

de maag

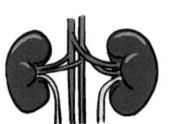

почки

de nieren

половой акт

de geslachtsgemeenschap

презерватив

het condoom

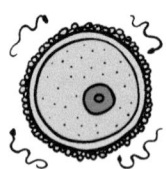

яйцеклетка

de eicel

сперма

het sperma

беременность

de zwangerschap

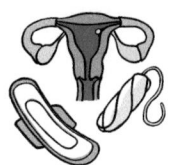

менструация

de menstruatie

вагина

de vagina

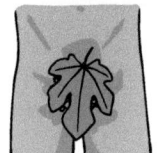

пенис

de penis

бровь

de wenkbrauw

волосы

het haar

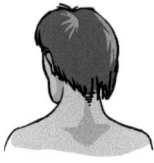

шея

de hals

больница
het ziekenhuis

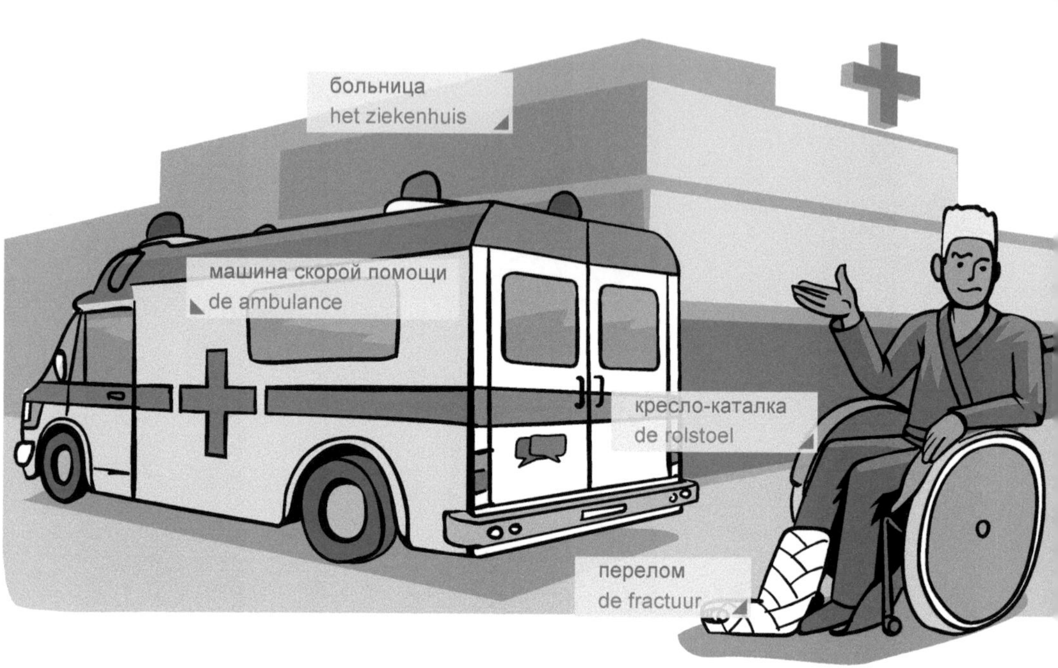

больница
het ziekenhuis
машина скорой помощи
de ambulance
кресло-каталка
de rolstoel
перелом
de fractuur

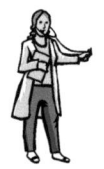

врач

de dokter

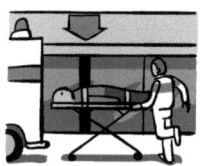

пункт первой помощи

de EHBO

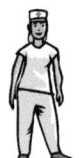

медсестра

de verpleegster

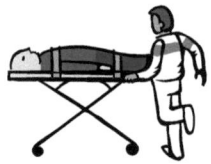

неотложный случай

het noodgeval

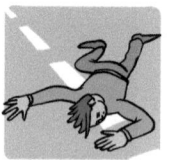

без сознания

bewusteloos

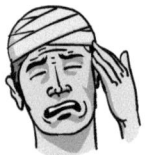

боль

de pijn

повреждение

de verwonding

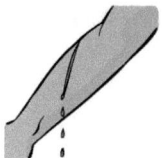

кровотечение

de bloeding

инфаркт

de hartaanval

инсульт

de beroerte

аллергия

de allergie

кашель

de hoest

овышенная температура

de koorts

грипп

de griep

понос

de diarree

головная боль

de hoofdpijn

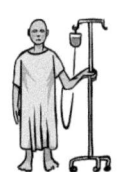

рак

de kanker

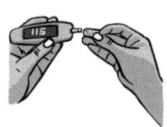

диабет

de diabetes

хирург

de chirurg

скальпель

het scalpel

операция

de operatie

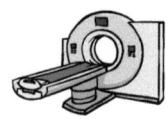

КТ

de CT

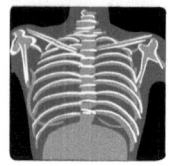

рентген

de röntgen

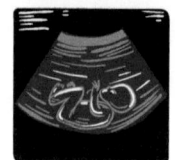

ультразвук

de echografie

маска

het gezichtsmasker

болезнь

de ziekte

приёмная

de wachtkamer

костыль

de kruk

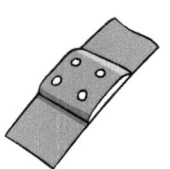

пластырь

de pleister

бинт

het verband

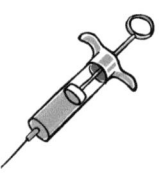

укол

de injectie

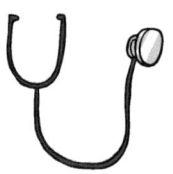

стетоскоп

de stethoscoop

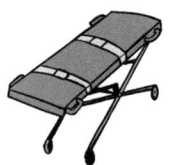

носилки

de brancard

термометр

de thermometer

рождение

de geboorte

избыточный вес

het overgewicht

слуховой аппарат

het gehoorapparaat

дезинфекционное средство

het ontsmettingsmiddel

инфекция

de infectie

вирус

het virus

ВИЧ / СПИД

(de) HIV / AIDS

лекарство

het medicijn

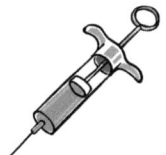

прививка

de inenting

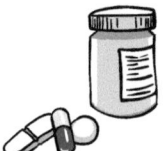

таблетки

de tabletten

противозачаточная таблетка

de pil

экстренный вызов

het alarmnummer

прибор для измерения кровяного давления

de bloeddrukmeter

больной / здоровый

ziek / gezond

Помогите!

Help!

сигнал тревоги

het alarm

нападение

de overval

атака

de aanval

опасность

het gevaar

запасной выход

de nooduitgang

Пожар!

Brand!

огнетушитель

de brandblusser

несчастный случай

het ongeluk

аптечка

de EHBO-koffer

SOS

SOS

милиция

de politie

Европа

Europa

Северная Америка

Noord-Amerika

Южная Америка

Zuid-Amerika

Африка

Afrika

Азия

Azië

Австралия

Australië

Атлантический океан

de Atlantische Oceaan

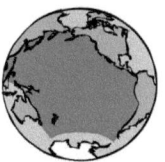

Тихий океан

de Stille Oceaan

Индийский океан

de Indische Oceaan

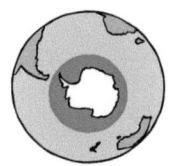

Антарктический океан

de Zuidelijke Oceaan

Северный Ледовитый океан

de Noordelijke IJszee

Северный полюс

de Noordpool

Южный полюс

de Zuidpool

Антарктика

Antarctica

земля

de aarde

суша

het land

море

de zee

остров

het eiland

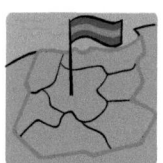

нация

de natie

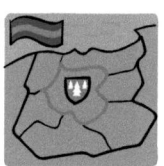

государство

de staat

циферблат

de wijzerplaat

часовая стрелка

de uurwijzer

минутная стрелка

de minutenwijzer

секундная стрелка

de secondewijzer

Который час?

Hoe laat is het?

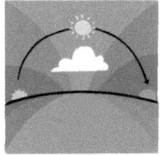

день

de dag

время

de tijd

сейчас

nu

электронные часы

het digitaal horloge

минута

de minuut

час

het uur

неделя
de week

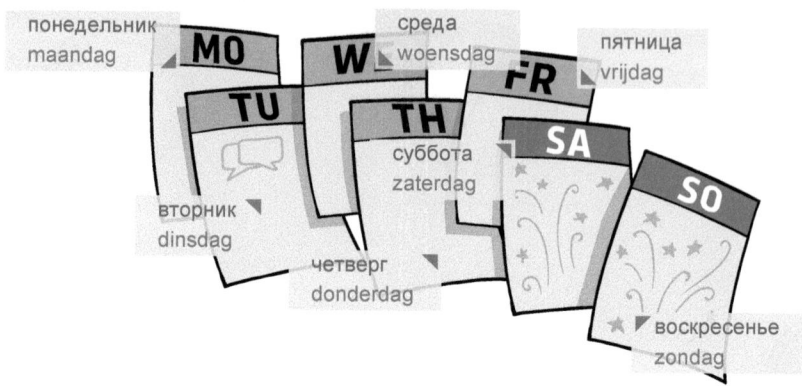

понедельник
maandag

среда
woensdag

пятница
vrijdag

вторник
dinsdag

четверг
donderdag

суббота
zaterdag

воскресенье
zondag

вчера
gisteren

сегодня
vandaag

завтра
morgen

утро
de ochtend

полдень
de middag

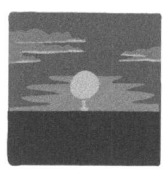

вечер
de avond

рабочие дни
de werkdagen

выходные
het weekend

год
het jaar

радуга
de regenboog
дождь
de regen
снег
de sneeuw
ветер
de wind
весна
het voorjaar
осень
de herfst
лето
de zomer
зима
de winter

4.APRIL 11°
5.APRIL 4°
6.APRIL 13°
7.APRIL 8°
8.APRIL 10°

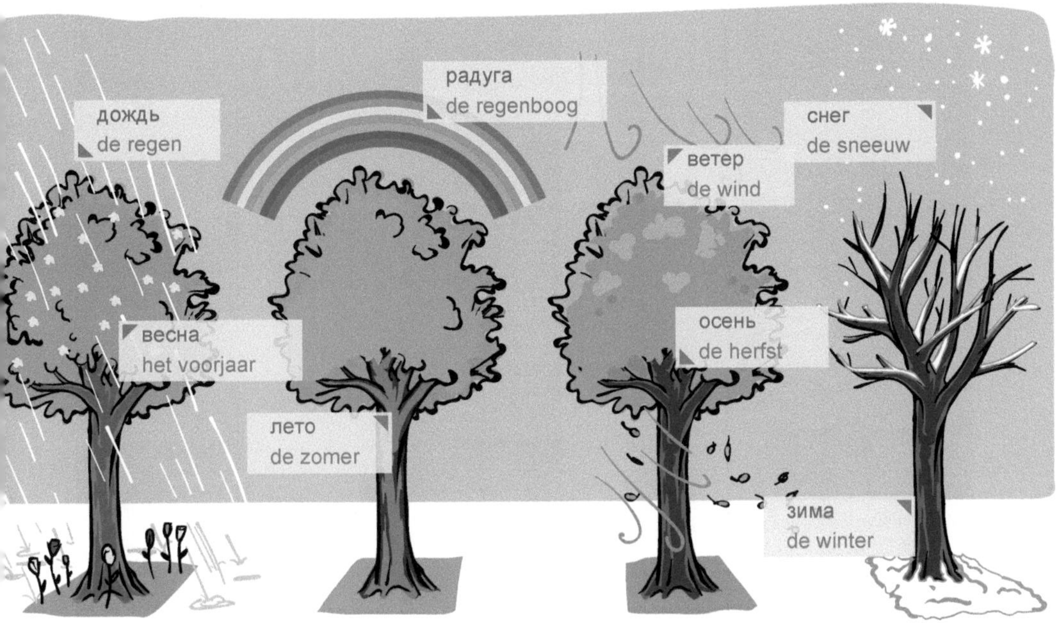

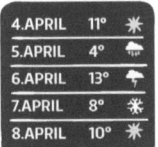

прогноз погоды
....
het weerbericht

F C
120 40
90 30
60 20
30 10
0 0
-30 -10
-20

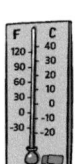

термометр
....
de thermometer

солнечный свет
....
de zonneschijn

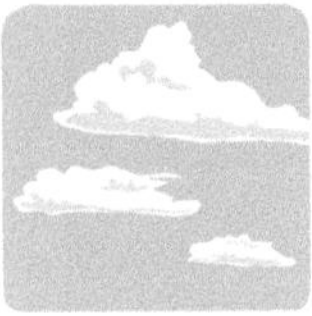

туча
....
de wolk

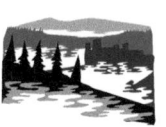

туман
....
de mist

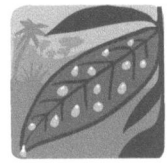

влажность воздуха
....
de luchtvochtigheid

молния

de bliksem

гром

de donder

буря

de storm

град

de hagel

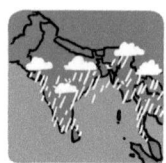

муссон

de moesson

наводнение

de overstroming

лёд

het ijs

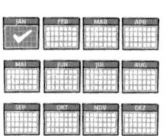

январь

januari

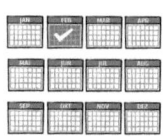

февраль

februari

март

maart

апрель

april

май

mei

июнь

juni

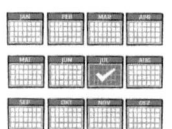

июль

juli

август

augustus

год - het jaar

сентябрь
....
september

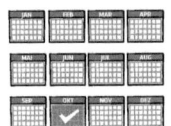

октябрь
....
oktober

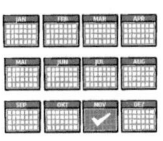

ноябрь
....
november

декабрь
....
december

формы

de vormen

круг
....
de cirkel

квадрат
....
het vierkant

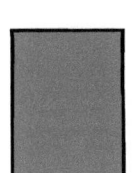

прямоугольник
....
de rechthoek

треугольник
....
de driehoek

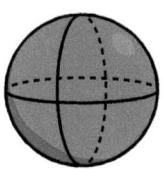

шар
....
de bol

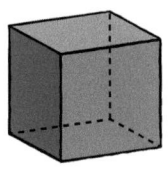

куб
....
de kubus

цвета
de kleuren

белый

wit

желтый

geel

оранжевый

oranje

розовый

roze

красный

rood

лиловый

paars

синий

blauw

зелёный

groen

коричневый

bruin

серый

grijs

черный

zwart

много / мало

veel / weinig

яростный / мирный

boos / rustig

красивый / уродливый

mooi / lelijk

начало / конец

begin / einde

большой / маленький

groot / klein

светлый / темный

licht / donker

брат / сестра

broer / zus

чистый / грязный

schoon / vies

полный / неполный

volledig / onvolledig

день / ночь

dag/ nacht

мёртвый / живой

dood / levend

широкий / узкий

breed / smal

съедобный / несъедобный

eetbaar / oneetbaar

злой / дружелюбный

gemeen / aardig

взволнованный / скучающий

opgewonden / verveeld

толстый / худой

dik / dun

сначала / в конце

eerste / laatste

друг / враг

vriend / vijand

полный / пустой

vol / leeg

твёрдый / мягкий

hard / zacht

тяжёлый / легкий

zwaar / licht

голод / жажда

honger / dorst

больной / здоровый

ziek / gezond

незаконный / законный

illegaal / legaal

умный / глупый

intelligent / dom

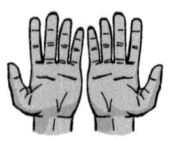

слева / справа

links / rechts

близко / далеко

dichtbij / ver

новый / подержанный

nieuw / gebruikt

ничто / нечто

niets / iets

старый / молодой

oud / jong

включено / выключено

aan / uit

открыто / закрыто

open / gesloten

тихо / громко

zacht / luid

богатый / бедный

rijk / arm

правильный /
неправильный
goed / fout

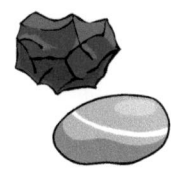

шероховатый / гладкий

ruw / glad

печальный / счастливый

verdrietig / gelukkig

короткий / длинный

kort / lang

медленный / быстрый

langzaam / snel

мокрый / сухой

nat / droog

тёплый / прохладный

warm / koel

война / мир

oorlog / vrede

противоположности - de tegenstellingen

0

ноль

nul

1

один

één

2

два

twee

3

три

drie

4

четыре

vier

5

пять

vijf

6

шесть

zes

7

семь

zeven

8

восемь

acht

9

девять

negen

10

десять

tien

11

одиннадцать

elf

12

двенадцать

twaalf

13

тринадцать

dertien

14

четырнадцать

veertien

15

пятнадцать

vijftien

16

шестнадцать

zestien

17

семнадцать

zeventien

18

восемнадцать

achttien

19

девятнадцать

negentien

20

двадцать

twintig

100

сто

honderd

1.000

тысяча

duizend

1.000.000

миллион

miljoen

английский

Engels

американский английский

Amerikaans Engels

мандаринский китайский

Chinees Mandarijn

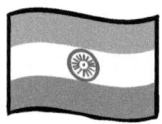

хинди

Hindi

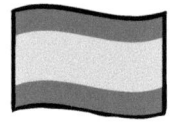

испанский

Spaans

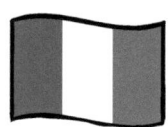

французский

Frans

арабский

Arabisch

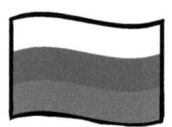

русский

Russisch

португальский

Portugees

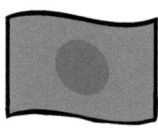

бенгальский

Bengalees

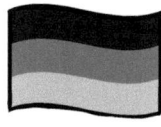

немецкий

Duits

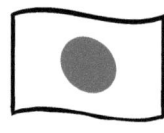

японский

Japans

я

ik

ты

jij

он / она / оно

hij / zij / het

мы

wij

вы

jullie

они

zij

кто?

wie?

что?

wat?

как?

hoe?

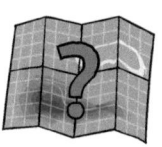

где?

waar?

когда?

wanneer?

имя

de naam

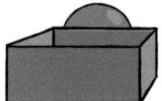

за
....
achter

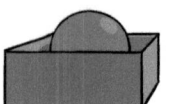

в
....
in

перед
....
voor

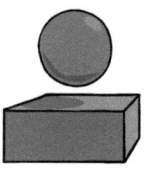

над
....
boven

на
....
op

под
....
onder

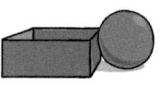

рядом
....
naast

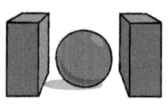

между
....
tussen

место
....
plaats